W0297411

# MANTRA DU DÉVELOPPEMENT PERSONNEL

**DURÉE : 5 MIN**

**Bienfaits :** aide à atteindre ses idéaux, à s'accomplir, apporte un équilibre émotionnel et mental.

**Répétez cette phrase :**
« OM RAM RAMAYA NAMAH ».
*« Je demande l'aide de Rama pour devenir le meilleur de moi-même. »*

*OM* est l'énergie originelle. Il s'écrit aussi *AUM* pour les trois lettres sanskrites représentant les trois états de conscience : veille, rêve et sommeil profond.
*RAM* est la syllabe en lien avec le chakra du plexus solaire. Ce son aide à canaliser les émotions.
*RAMAYA* invoque la divinité Rama, l'être idéal.
*NAMAH* signifie saluer.

BONUS AUDIO

# MANTRA DE GUÉRISON

DURÉE : 5 MIN

**Bienfaits :** aide en cas de maladie, soutient la guérison, en complément du mantra du souffle.

**En position assise, répétez la phrase : « OM HRIM HAMSA ».**

Prenez ensuite un temps pour respirer pleinement.

*OM* est l'énergie originelle, la conscience qui régit l'univers. Il s'écrit aussi *AUM* pour les trois lettres sanskrites représentant les trois états de conscience : veille, rêve et sommeil profond.
*HRIM* montre les illusions et les apparences, permet l'éveil.
*HAMSA* est l'esprit universel, le souffle, l'énergie permanente.

BONUS AUDIO

# LES SONS-SANTÉ
## LA RATE

**DURÉE : 2 MIN**

**Bienfaits :** aide à réduire les idées qui tournent en boucle (ruminations), améliore la digestion, réduit les lourdeurs d'estomac, clarifie l'esprit, ramène à l'instant présent.

**Réalisez le mouvement décrit ou dites seulement le son « who… » (se prononce « whou »).**

Prenez ensuite un temps pour respirer pleinement. Observez. Est-ce que vous avez changé d'état ? À effectuer aussi longtemps que nécessaire, dès que vous en ressentez le besoin.

BONUS AUDIO

# LES SONS-SANTÉ
## LE FOIE

**DURÉE : 2 MIN**

**Bienfaits :** Réduit l'animosité, la colère, l'irritation, harmonise et régule le foie, aide à la prise de décision et à la mise en action.

**Réalisez le mouvement décrit ou dites seulement le son « guo » (se prononce « gouo »).**

Prenez ensuite un temps pour respirer pleinement.
Observez. Est-ce que votre sensation a changé ?
À effectuer aussi longtemps que nécessaire,
dès que vous en ressentez le besoin.

BONUS AUDIO

# LES SONS-SANTÉ

## LES REINS

**DURÉE : 2 MIN**

**Bienfaits :** renforce le sentiment de sécurité, réduit la peur, relance l'énergie vitale, harmonise les reins.

**Réalisez le mouvement décrit ou dites seulement le son « tweï » (se prononce « tschueï »).**

Prenez ensuite un temps pour respirer pleinement.
Observez. Comment vous sentez-vous ?
À effectuer aussi longtemps que nécessaire,
dès que vous en ressentez le besoin.

BONUS AUDIO

# LES SONS-SANTÉ
## LES POUMONS

DURÉE : 2 MIN

**Bienfaits :** stimule l'énergie des poumons, développe la respiration et la sensation de liberté, réduit la tristesse ou le chagrin.

**Réalisez le mouvement décrit ou dites seulement le son « sss ».**

Prenez ensuite un temps pour respirer pleinement.
Observez. Que ressentez-vous ?
À effectuer aussi longtemps que nécessaire, dès que vous en ressentez le besoin.

BONUS AUDIO

# HARMONISATION DE L'ÂME

**DURÉE : 15 MIN**

**Bienfaits :** aligne, recentre, équilibre, aide à se sentir en phase avec sa mission d'âme (ce pour quoi nous sommes faits, ce qui satisfait notre âme, le chemin qui est juste pour nous).

**En mode relaxation**

Asseyez-vous confortablement ou allongez-vous. Laissez-vous porter par les sons et les chants en respirant profondément.

**En mode méditation**

Tout au long de cette écoute, tenez la position de mains proposée au recto et visualisez la lumière d'une bougie vous éclairer de l'intérieur.

Vous pouvez aider votre concentration au besoin par ce **mantra** :

*J'accueille ma sagesse supérieure,*
*je m'accepte et je m'équilibre.*

BONUS AUDIO

# STRESS ET VIE TRÉPIDANTE
## (VERSION LONGUE)

**DURÉE : 25 MIN**

**Bienfaits :** aide à poser les actions du quotidien, soutient le passage à l'acte, permet d'avancer et de voir le bout du tunnel, aide à trouver une harmonie dans la gestion matérielle.

**En mode relaxation**

Asseyez-vous confortablement ou allongez-vous. Laissez-vous porter par les sons et les chants en respirant profondément.

**En mode méditation**

Durant l'écoute, tenez tour à tour les deux ***mudras*** suivants :

1. ***Mudra Relaxe*** : croisez vos doigts et posez-les en coupole sur votre ventre ;
2. ***Prithvi Mudra*** avec les deux mains. Visualisez les choses se mettre naturellement en place, dans l'ordre et la légèreté.

Vous pouvez aider votre concentration au besoin par ce **mantra** :

*Chaque petit pas que je fais met de l'ordre dans ma vie.*

BONUS AUDIO

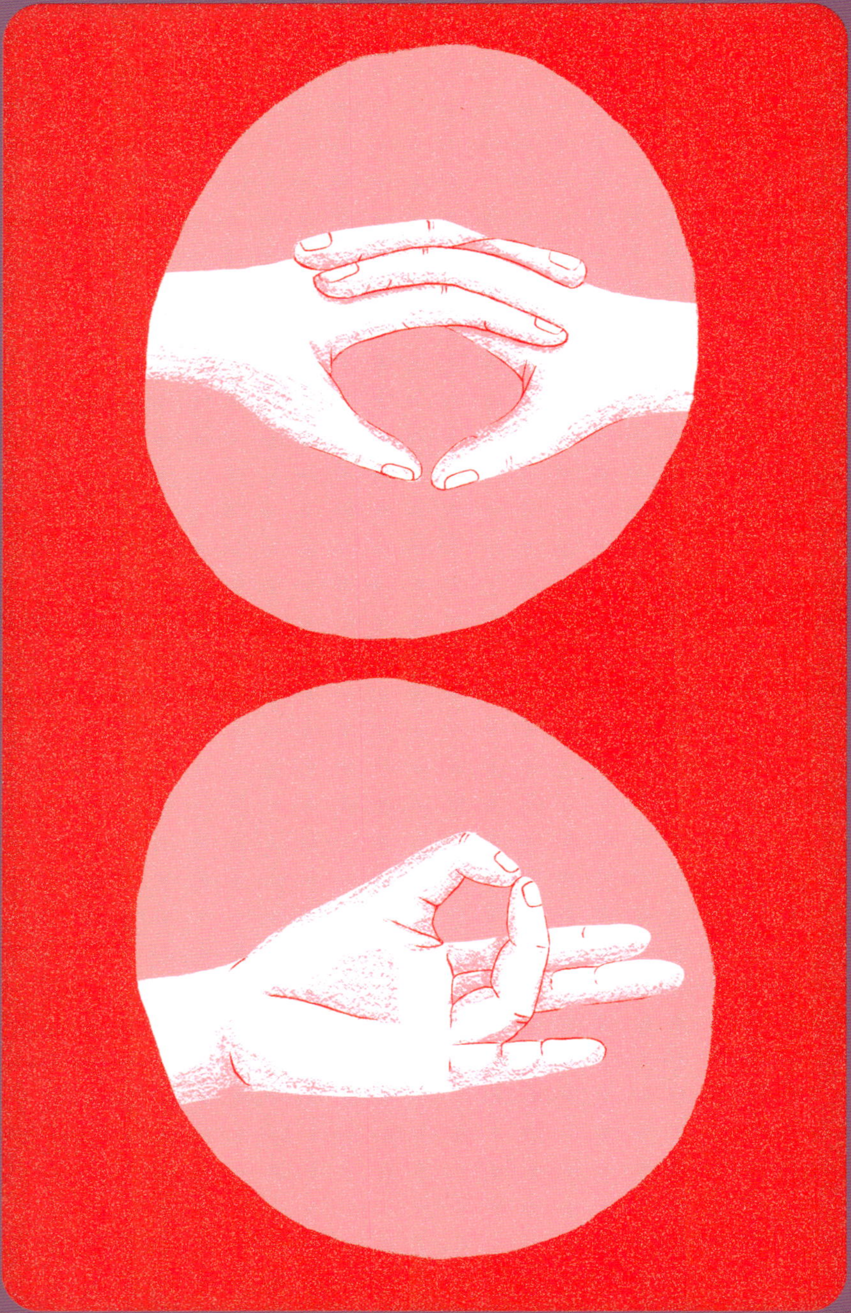

# CONFIANCE

**DURÉE : 30 MIN**

**Bienfaits :** apporte de la quiétude, favorise l'équilibre et l'endormissement, réduit les vertiges, renforce le sentiment de joie, libère les tensions et les schémas répétitifs, travaille sur la cohésion cellulaire.

**En mode relaxation**
Asseyez-vous confortablement ou allongez-vous. Laissez-vous porter par les sons et les chants en respirant profondément.

**En mode méditation**
En imaginant que le vent emporte tout ce qui n'a plus lieu d'être pour vous et vous berce, tenez les ***mudras*** dessinés au recto de la carte :

**1.** ***Atmantjali Mudra*** : pour le calme intérieur.
**2.** ***Mudra*** de la joie.

Vous pouvez aider votre concentration au besoin par ce **mantra** :

*Je me laisse porter.*

BONUS AUDIO

# PAIX

**DURÉE : 20 MIN**

**Bienfaits :** harmonise le chakra du cœur et le chakra sacré, travaille sur les organes digestifs, la zone ORL, notamment les oreilles, soulage les migraines. En ajoutant les mains, stimule les poumons, la respiration.

**En mode relaxation**

Asseyez-vous confortablement ou allongez-vous. Laissez-vous porter par les sons et les chants en respirant profondément.

**En mode méditation**

Tout au long de cette écoute, tenez la position de main dessinée au recto de la carte (les doigts se regroupent pour que l'index et le majeur touchent le bout du pouce) en visualisant l'infini : le ciel, l'océan, la voie lactée...

Vous pouvez aider votre concentration au besoin par ce **mantra** :

*Je suis l'infini, je ressens l'espace à l'intérieur de moi qui se remplit de joie.*

BONUS AUDIO

# CALME INTÉRIEUR

**DURÉE : 30 MIN**

**Bienfaits :** harmonise l'ensemble du système énergétique, connecte les deux hémisphères cérébraux, remplit le cœur, calme et apaise, recentre et allège.

**En mode relaxation**

Asseyez-vous confortablement ou allongez-vous. Laissez-vous porter par les sons et les chants en respirant profondément.

**En mode méditation**

Tout au long de cette écoute, tenez la position de main dessinée au verso de la carte. Favorisez la posture assise.

Vous pouvez aider votre concentration au besoin par ce **mantra** :

*Je suis calme et léger.*

BONUS AUDIO

# MANTRA DE L'ÉQUILIBRE

**DURÉE : 5 MIN**

**Bienfaits :** aide à l'équilibre psychique, éloigne les obstacles.

**Répétez le mantra :** « STRIM HUM PHAT ».

Prenez ensuite un temps pour respirer pleinement.

*STRÎM* permet de trouver l'harmonie.
Cette syllabe aide en cas de tensions, de conflits.
*HÛM* représente la puissance en attente de manifestation. Il favorise la méditation.
*PHAT* signifie « sans le moindre doute ».
*HÛM* et *PHAT* renforcent la puissance du mantra.

BONUS AUDIO

YÉÉÉÉ

# VOYELLES SACRÉES
## SÉRÉNITÉ

**DURÉE : 2 MIN**

**Bienfaits :** permet de laisser partir les souffrances et blessures, renforce le sentiment de sérénité.

**En position debout ou assise, tapotez vos pommettes en disant le son « yé, yé, yé… ».**
Prenez ensuite un temps pour respirer pleinement.
Observez. Votre voix résonne-t-elle plus dans votre tête et votre corps ?
À effectuer 5 minutes tous les jours, durant 21 jours minimum.

**Mantra associé :**

*Je laisse au passé les souffrances et m'ouvre à la joie.*

# MANTRA DU SOUFFLE

**DURÉE : 5 MIN**

**Bienfaits :** apporte calme et bien-être, ouvre et calme la respiration, aide à la concentration et à la détente.

**Inspirez en imaginant dire le son « ham », expirez en imaginant le son « sa ». Après un temps, inversez : à l'inspiration suggérez le mot « sa », à l'expiration le son « ham ». Comme le calme se fait en vous, transformez la phrase en « so ham ».**
Profitez du calme et du bien-être qui se propage en vous.

En sanskrit, ce mantra est symbolisé par le cygne qui glisse à la surface de l'eau.

*HAMSA* : L'esprit univers, le souffle, l'énergie permanente.
*SO'HAM* : Je suis lui.

BONUS AUDIO

YOOOOO

# VOYELLES SACRÉES
## BIEN-ÊTRE

**DURÉE : 2 MIN**

**Bienfaits :** renforce le sentiment de mériter
le bien-être dans sa vie.

**En position debout ou assise, tapotez vos pommettes en disant le son** « yo, yo, yo... ».
Prenez ensuite un temps pour respirer pleinement.
Observez. Votre voix résonne davantage dans votre tête et votre corps.
À effectuer de 2 à 5 minutes tous les jours, durant 21 jours minimum.

**Mantra associé :**

*Le bien-être remplit chaque instant de ma vie.*

YAAAA

# VOYELLES SACRÉES
## BESOINS

**DURÉE : 2 MIN**

**Bienfaits :** permet d'affirmer ses besoins, renforce le respect de soi.

**En position debout ou assise, tapotez vos pommettes en disant le son « ya, ya, ya... ».**
Prenez ensuite un temps pour respirer pleinement.
Observez. Votre voix résonne aussi plus large autour de vous.
À effectuer de 2 à 5 minutes tous les jours, durant 21 jours minimum.

**Mantra associé :**

*Je suis clair(e) sur mes besoins et je les satisfais.*

Yiiiiiiiii

# VOYELLES SACRÉES
## BONHEUR

**DURÉE : 2 MIN**

**Bienfaits :** permet de s'autoriser à être heureux dans tous les domaines de sa vie.

**En position debout ou assise, tapotez vos pommettes en disant le son « yi, yi, yi... ».**
Prenez ensuite un temps pour respirer pleinement. Observez. Peut-être votre voix résonne-t-elle plus haut et tout autour de vous ?
À effectuer de 2 à 5 minutes tous les jours, durant 21 jours minimum.

**Mantra associé :**

*Tous les domaines de ma vie sont source de bonheur.*

# FAIRE JAILLIR LE SON

**DURÉE : 5 MIN**

**Bienfaits :** connecte l'articulation à la mise en pression de l'air, facilite l'articulation, améliore le son, la résonance, la précision de diction.

**Debout ou assis**

- Choisissez une phrase parlée ou chantée que vous connaissez bien.

- Dites-la ou chantez-la une première fois pour écouter votre son.

- Puis redites la phrase sans les voyelles ! Il ne reste alors que du souffle (pas de son) et le rythme ponctué par les consonnes. Appliquez-vous à bien ouvrir tout de même l'espace supposé des voyelles (comme une surarticulation).

- Redites ou rechantez l'air choisi. Quelle différence de son ? Quel confort vocal ressentez-vous ?

J T X P
B D
R
N
S

# FAIRE RÉSONNER LA VOIX

**DURÉE : 5 MIN**

**Bienfaits :** place le son, permet de réguler la pression d'air durant l'acte phonatoire, aide à travailler le souffle et les durées de notes, équilibre le son dans les médiums.

**Debout ou assis**

- Chantez un petit air. Écoutez votre son.
- Rechantez la mélodie sur le son **« zzzz »**. Veillez à glisser de note en note comme un violon, une abeille, et non à sauter de note en note.
- Rechantez et observez ! Comment est le son par rapport à la première fois ? Comment ressentez-vous votre confort vocal ?

# DONNER SA LANGUE AU CHANT

**DURÉE : 5 MIN**

**Bienfaits :** détend et prépare les muscles actifs dans l'acte phonatoire, dénoue les tensions, ouvre l'espace de résonance et place le son, aide à plus de puissance et à chanter (notamment le passage dans les aigus), facilite la diction.

**Debout ou assis**

- Dites une phrase ou chantez un petit air. Écoutez votre son.

- Redites ou rechantez cette phrase en tirant la langue : une fois devant vous, une fois sur le côté gauche, une fois sur le côté droit, et enfin une dernière fois devant.

- Rechantez et observez ! Comment est le son par rapport à la première fois ? Comment ressentez-vous votre confort vocal ?

# MASSAGE... VOCAL

**DURÉE : 5 MIN**

**Bienfaits :** détend et prépare les muscles du larynx, réveille et prépare le corps à résonner.

**Debout ou assis**

- Massez d'abord vos mâchoires.
- Saisissez doucement votre larynx et emmenez-le vers la gauche puis la droite. Quel côté est le plus tendu ?
- Poussez alors votre larynx du côté le plus souple et restez en respirant 3 fois profondément. Revenez lentement à la position neutre. Faites à nouveau un test gauche-droite. Est-ce déjà différent ?
- Poussez du côté le moins évident et restez en respirant 3 fois profondément. Revenez lentement.
- Terminez en tapotant tout le visage et tout le cuir chevelu.

# LES SONS-SANTÉ
## LE CŒUR

**DURÉE : 2 MIN**

**Bienfaits :** améliore la gestion des émotions, stimule le sentiment de joie, renforce l'énergie du cœur, aide en cas de syndrome prémenstruel et pour l'hypertension.

**Réalisez le mouvement décrit ou dites seulement le son « ha ».**

Prenez ensuite un temps pour respirer pleinement.
Observez. Qu'est-ce qui a changé ?
À effectuer aussi longtemps que nécessaire, dès que vous en ressentez le besoin.

BONUS AUDIO

# RESPIRER

**DURÉE : 5 MIN**

**Bienfaits :** détend, aide à la maîtrise du souffle, calme et recentre.

**Lâcher les tensions**

- Gonflez les joues à fond, puis relâchez-les en soufflant et laissant bien la mâchoire inférieure lâchée. 3 fois.

- Montez les épaules en expirant sur le son **« sss »** ou **« fff »**, et lâchez en inspirant par la bouche. 3 fois.

**Debout, assis ou allongé**

- Commencez par vider votre air en soufflant sur le son **« fff »**. Quand vous êtes **« à vide »**, ouvrez la bouche et détendez la sangle abdominale pour laisser rentrer l'air.

- Sur la prochaine expiration, utilisez le son **« sss »**. À la fin du **« sss »**, en relâchant le ventre, la bouche et la gorge simultanément, sentez que l'air entre sans effort.

# STRESS ET VIE TRÉPIDANTE (VERSION COURTE)

**DURÉE : 10 MIN**

**Bienfaits :** relâche les tensions, évacue le stress et calme le système nerveux, dépollue, harmonise le *yin* et le *yang*, redonne du courage, agit sur la respiration claviculaire, apporte la paix et la sensation d'unité.

**En mode relaxation**

Asseyez-vous confortablement ou allongez-vous. Laissez-vous porter par les sons et les chants en respirant profondément.

**En mode méditation**

Tenez le ***mudra*** dessiné au recto de la carte (***Adhi Mudra***) : le pouce est au creux de votre paume formant un poing. Posez vos poings sur les cuisses en visualisant le feu brûler toutes les sources de stress pour vous.

Vous pouvez aider votre concentration au besoin par ce **mantra** :

*En revenant au présent,*
*je laisse s'évaporer les tensions.*

BONUS AUDIO

# JOIE

**DURÉE : 12 MIN**

**Bienfaits :** relance l'énergie, stimule les défenses immunitaires, la circulation sanguine et énergétique, rassemble les cinq éléments.

**En mode relaxation**

Asseyez-vous confortablement ou allongez-vous. Laissez-vous porter par les sons et les chants en respirant profondément.

**En mode méditation**

Tenez le ***Mudra Mukala*** dessiné au recto : les doigts forment un bouton de fleur en se regroupant en imaginant le soleil, l'énergie, la sève monter. Souriez.

Vous pouvez aider votre concentration au besoin par ce **mantra** :

*Comme le bouton prêt à éclore,*
*je suis frais (fraîche) et rempli(e) de joie.*

BONUS AUDIO

# SÉRÉNITÉ

**DURÉE : 10 MIN**

**Bienfaits :** calme l'agitation, équilibre l'élément Terre dans le corps, recharge le chakra racine et renforce les organes associés (vessie, reins, organes génitaux), induit une puissante boucle d'énergie dans le corps.

**En mode relaxation**

Asseyez-vous confortablement ou allongez-vous. Laissez-vous porter par les sons et les chants en respirant profondément.

**En mode méditation**

Tenez le ***mudra*** dessiné au recto (***Prithvi Mudra***) : le bout du pouce touche le bout de l'annulaire, les mains se tournent vers le ciel, en visualisant une rivière, la mer qui s'écoule doucement.

Vous pouvez aider votre concentration au besoin par ce **mantra** :

*En toute sécurité,*
*je me laisse bercer par les flots.*

BONUS AUDIO

# VOYELLES SACRÉES
## ANCRAGE

**DURÉE : 2 MIN**

**Bienfaits :** renforce le chakra racine, l'ancrage, le sentiment de sécurité et de confiance en la vie.

**En position debout ou assise, tapotez votre menton en disant le son** « you, you, you… »**.**
Prenez ensuite un temps pour ressentir l'ancrage, la lourdeur dans vos pieds. Observez. Peut-être votre voix résonne-t-elle plus grave, plus chaleureuse ?
À effectuer de 2 à 5 minutes tous les jours, durant 21 jours minimum.

**Mantra associé :**

*Je m'enracine pour mieux m'élever/grandir.*

YOUUUUU

YAM
RAM
HAM
VAM
A
LAM
AUM

# YOGA DU SON

DURÉE : 20 MIN

**Bienfaits :** équilibre, nourrit et renforce l'ensemble des centres énergétiques, apporte calme et confiance.

**Harmoniser les chakras**

Chaque centre énergétique dispose d'une couleur et d'un son. Commencez par vous concentrer sur la zone du chakra. Imaginez inspirer sa couleur. À l'expiration, faites le son et imaginez que la couleur se diffuse dans toute la zone à l'intérieur de votre corps et autour de vous.

- **Chakra racine :** rouge. Son **« lam »**. La structure.
- **Chakra sacré :** orange. Son **« vam »**. L'énergie de vie.
- **Chakra plexus solaire :** jaune. Son **« ram »**. Les émotions.
- **Chakra cœur :** rose ou vert. Son **« yam »**. Le chant du cœur.
- **Chakra gorge :** bleu. Son **« ham »** (pensez le « h »). Le dire.
- **Chakra frontal :** violet. Son **« a »**. Libérer les dépendances.
- **Chakra coronal :** blanc doré. Son **« om (aum) »**. Les états de conscience.

BONUS AUDIO

# *TAO DU SON – KOTOTAMA*

**DURÉE : 3 MIN**

**Bienfaits :** harmonise et permet d'accepter la personne que l'on est.

**Prononcez votre prénom tel un mantra !**

- Ressentez l'énergie contenue dans votre prénom et laissez résonner cela en vous.

- Commencez par prononcer chaque lettre de votre prénom séparément en prêtant attention au geste d'articulation et à l'impulsion nécessaire, pour bien dire la consonne ou la voyelle.

- Dans un deuxième temps, dites lentement votre prénom, en gardant la même impulsion pour chaque voyelle et consonne.

- Répétez désormais votre prénom en boucle, comme un mantra, plus naturellement, aussi longtemps que nécessaire.

BONUS AUDIO

F
T
B
R
Z
MOI
E
Q
A
i
W
M
S

# RESPECT DE SOI

**DURÉE : 25 MIN**

**Bienfaits :** ramène le mental à l'instant présent, renforce le chakra du cœur, éveille à l'amour inconditionnel, aide à s'accepter et à s'aimer tel qu'on est.

**En mode relaxation**

Asseyez-vous confortablement ou allongez-vous. Laissez-vous porter par les sons et les chants en respirant profondément.

**En mode méditation**

Tenez le ***Mudra Padma*** tout au long de cette écoute, en imaginant votre cœur qui s'ouvre comme une fleur.

Vous pouvez aider votre concentration au besoin par ce **mantra** :

*J'accepte toutes les parties de moi,*
*les sombres comme les lumineuses,*
*et j'apprends à me respecter.*

BONUS AUDIO

Deux types de rituels sont proposés :

**Les rituels « passifs »**

Vous vous allongez et vous profitez du support audio pour vous détendre, vous relaxer et méditer.

**Les rituels « actifs »**

Vous suivez le déroulé de la carte et du support audio pour émettre les sons. Une fois compris, vous pouvez réaliser cet exercice par vous-même quand vous voulez.

En haut de chaque carte, vous retrouverez le temps nécessaire à la réalisation de ce rituel.

Bien sûr, il s'agit du temps minimum, mais vous pouvez le faire durer. Écoutez-vous !



# LES THÈMES

## ••• APPRIVOISER SA VOIX •••

Votre gorge est nouée, serrée ? Le son ne sort pas ? Restez serein ! Nous avons bien des raisons d'avoir un chat en travers de la gorge. Prenez votre temps pour le laisser sortir ! Les exercices proposés ici dénouent les muscles, placent le son, dissolvent les blocages énergétiques et émotionnels.

Soyez doux avec vous-même : tout vient à point à qui sait tirer la langue...

- Respirer
- Massage... vocal
- Donner sa langue au chant
- Faire résonner la voix
- Faire jaillir le son



J'ai sélectionné pour vous 5 catégories de rituels selon votre besoin ou votre envie :

**EXPRESSION**

**MÉDITATION**

**ÉPANOUISSEMENT**

**MANTRAS**

**GUÉRISON**

### ENVIE DE JOUER ?

Suivez votre instinct et piochez au hasard une ou plusieurs cartes. La vie fait bien les choses, ces cartes sont pour vous ce jour-là !

### ENVIE DE CHOISIR VOTRE RITUEL ?

Grâce au code couleur, choisissez parmi les thèmes proposés et vérifiez sur la carte le temps nécessaire à la réalisation du rituel. C'est parti pour faire vibrer vos cordes vocales et votre corps !

# LES RITUELS

## ••• SE RELAXER, MÉDITER •••

Voici un moment pour vous, où vous avez juste à fermer les yeux et à vous laisser bercer. Les supports audio proposent des chants avec des sons spécifiques qui viennent faire vibrer vos cellules pour les détendre.

Si vous le souhaitez, vous pouvez poser une intention avant chaque écoute.

Si un son vous perturbe, c'est intéressant. Il peut s'agir d'un blocage énergétique. Respirez bien et rassurez-vous, il sera bientôt remplacé par un autre. Un autre jour, vous pourrez vérifier si vous êtes toujours dérangé au même endroit de l'écoute ou pas ! Selon notre état du moment, notre corps réagit différemment aux vibrations.

## COMMENT PROCÉDER ?

Installez-vous dans un fauteuil ou allongez-vous. Certaines séances durent 30 minutes, alors prévoyez une couverture ou un plaid pour rester au chaud malgré le relâchement corporel, ainsi qu'un verre d'eau pour boire après la séance. Vous pouvez aussi créer votre ambiance : encens, bougie...

Durant cette écoute, une seule mission : respirer ! Laissez-vous porter par les sons et les chants.

- **Calme intérieur**
- **Paix**
- **Confiance**
- **Stress et vie trépidante** (version longue)
- **Stress et vie trépidante** (version courte)
- **Joie**
- **Sérénité**
- **Respect de soi**
- **Harmonisation de l'âme**



## ••• MAIS JE NE SAIS PAS CHANTER ! •••

Eh bien tant mieux ! Ce que je vous propose, ce n'est pas de chanter de l'opéra, mais d'émettre des sons pour faire vibrer votre corps, pour réguler l'énergie dans un organe, et pour vous faire du bien !

Ici, les sons sont produits sans besoin de justesse ni d'harmonie. L'important est de laisser chanter le corps ! Et de vous faire davantage plaisir à chaque fois.

Si vous éprouvez des difficultés à émettre un son, cinq cartes (celles du thème bleu) peuvent vous aider à apprivoiser votre voix, votre son, votre résonance !

Et si un jour vous n'avez pas envie de chanter par vous-même, certaines cartes contiennent un lien vers un support audio chanté que vous pouvez simplement écouter en respirant tranquillement.

Laissez-vous chanter, laissez-vous vibrer !

Pierre Lemarquis, neurologue, indique par ailleurs que :

> « Le son va stimuler notre lobe temporal. Puis notre lobe frontal, partie du cerveau qui permet d'agir sur le monde. Tout ce trajet finit dans le circuit du plaisir et de la récompense. On va sécréter de la dopamine, hormone de la joie. De l'endorphine, qui calme la douleur. Et de la sérotonine, ce qu'on trouve dans les antidépresseurs, qui est bon pour le moral. »

Par ailleurs, la respiration qui est mieux contrôlée grâce au chant améliore le fonctionnement des organes et régule nos états émotionnels. Elle stimule les états de relaxation voire de relaxation profonde, en ralentissant les ondes du cerveau. En outre, le fait de chanter en groupe apporte un sentiment d'appartenance et de la sérénité.



# ••• DEVENIR SOI •••

Ici, le « *tao* » du son, le yoga du son et les voyelles sacrées vous aident à travailler sur vous, à harmoniser vos chakras, à aimer votre nom, à agir sur vos croyances limitantes... donc à vous aimer vous-même !

## LE *TAO* DU SON (L'ORIGINE DU SON) ET LE *KOTOTAMA* (L'ÂME DU SON)

En japonais, *koto* signifiant « mot », « son » et *tama*, « âme », « esprit », ce qui est sacré, ce qui est pur. L'idée est de ressentir l'énergie de chaque lettre et l'ouverture qui y est rattachée. Votre prénom dispose donc d'une énergie spécifique qui vous correspond. Chaque son possède donc une symbolique propre, que voici :

**Les voyelles ouvrent l'espace, sont la résonance :**

- **a : l'ouverture, l'art, le sacré ;**
- **ô : le mental, la mémoire cosmique ;**
- **u (se dit « ou ») : les organes des sens ;**
- **e (se dit « é ») : le discernement ;**
- **i : l'énergie concentrée.**

**Les consonnes créent le rythme, le temps** (les consonnes entre parenthèses ont la même symbolique atténuée) :

- l (r) : le choix d'une direction ;
- m : l'appréciation et la résonance d'une chose subtile, immatérielle ;
- n : le fait d'aller au bout de l'action ;
- k (g, b) : l'apparition première de l'énergie ;
- s (ch, j, f, v, z) : le rassemblement de l'énergie ;
- t (p, d) : l'explosion de l'énergie ;
- h : l'ouverture de l'espace ;
- y : est considérée comme une semi-consonne ; elle induit la volonté d'incarner.

## LES VOYELLES SACRÉES

Ces 5 sons (a, ô, u, e, i), que l'on retrouve partout sur la planète, associés à la semi-consonne « y », pour les incarner, ont pour propriété de venir faire vibrer des zones spécifiques du corps et, par conséquent, d'impacter le circuit énergétique et nos pensées, corps et esprit ne faisant qu'un.



## ••• CE QU'EN DIT LA SCIENCE •••

Parmi les bienfaits du chant fréquemment énoncés, on note la réduction du stress, une meilleure posture, une amélioration de la respiration, une stimulation des défenses immunitaires, une aide à la gestion de la douleur... Voilà des années que les neurologues et chercheurs s'intéressent à cette activité et ont prouvé ses apports sur la mémoire, les facultés cognitives. Grâce à des tests salivaires comparant les taux d'hormones avant et après avoir chanté, une étude[1] de l'université de Californie a montré une baisse du taux de cortisol, l'hormone du stress.

1. *Journal of Applied Arts and Health*, volume 1, number 1, 2010, Intellect Ltd Article. 10.1386/jaah.1.1.19/1.

Le chanteur, ou l'orateur, est à tout moment un être qui joue de la voix, bouge et s'implique (regardez vos mains, votre tonus et votre énergie physique selon les conversations). Il joue pour partager des émotions, fait des pauses, module sa voix pour tenir en haleine. Il est donc tour à tour vocaliste, danseur, acteur et musicien.

Et ce qui relie toutes ces disciplines, c'est le corps. En voilà une bonne nouvelle, puisque c'est aussi notre corps qui génère nos hormones pour nous sentir calmes ou stressés, qui produit notre énergie vitale, qui est traversé par nos émotions !

Ceux qui ont déjà passé une soirée à chanter à tue-tête pour le plaisir ou pour faire les idiots, ou ceux qui chantent au sein d'une chorale, savent combien ils regorgent d'énergie ou ont un meilleur moral après avoir chanté ne serait-ce que 15 minutes !

La voix permet d'exprimer, d'extérioriser ce qui restait coincé à l'intérieur. Et cela fait du bien ! *Exit* le mental, vive la pratique !



Elles forment une pratique que les prêtres égyptiens et les philosophes de la Grèce antique considéraient comme le chant de l'âme, de l'univers[1]. Associé à la gymnastique faciale, ce chant peut être un vrai élixir de jeunesse. Il est conseillé de prévoir un petit temps de détente corporelle (étirements et mouvements légers) avant de chanter les voyelles.

## LE YOGA DU SON

Il est un complément ou une alternative au yoga physique. Il permet d'explorer la résonance du corps, de réguler nos rythmes internes et de calmer nos agitations mentales et émotionnelles.

- *Tao du son – Kototama*
- Yoga du son
- Voyelles sacrées – Ancrage
- Voyelles sacrées – Bien-être
- Voyelles sacrées – Besoins
- Voyelles sacrées – Bonheur
- Voyelles sacrées – Sérénité

1. *Les Voyelles sacrées*, Alain Pénichot, Lanore, 2013.

## ••• ATTIRER LE BIEN-ÊTRE •••

Les mantras sont des mots, syllabes sacrées, à forte vibration ou impliquant une pensée positive. Leur répétition va venir modifier votre système de pensée, votre fonctionnement, vous apporter du bien-être.

Vous trouverez dans les cartes quatre mantras, en sanskrit dans la tradition yogi. Ils peuvent être simplement dits, chantés ou pensés.

Ils se pratiquent traditionnellement en position assise, mais vous pouvez les pratiquer dans la position qui vous convient, selon votre besoin.

- **Mantra du souffle**
- **Mantra de l'équilibre**
- **Mantra du développement personnel**
- **Mantra de guérison**



## ••• LA VIBRATION DU SON, C'EST QUOI ? •••

Pour utiliser votre voix, vous mettez en jeu en simultané et de manière inconsciente :

1• Un **engagement** physique global impliquant une posture et une énergie spécifiques.

2• Une **intention** de communiquer qui engendre cet engagement physique. Par intention, j'entends d'une part l'envie de partager avec autrui *via* le chant, d'autre part ce que l'on a envie de partager : une émotion, un ressenti...

3• Tout cela met en jeu la **respiration**, tel un moteur pour cette énergie au service du son.

4• L'air fait alors vibrer les cordes vocales dans le larynx, émettant une **vibration**.

5• Cette vibration est ensuite amplifiée et modulée dans les résonateurs... Cela permet de jouer avec la **résonance**.

6• Enfin, le son est simultanément articulé, prononcé pour prendre un sens vis-à-vis de nos interlocuteurs, par le biais de la **diction**.

# CHANTER POUR VIVRE MIEUX

## ••• HARMONISER LE CORPS •••

Cinq cartes vous sont proposées, avec cinq sons, respirations et mouvements issus du Qi Gong médical (Médecine Traditionnelle Chinoise). Vous travaillerez donc sur vos organes internes, vos émotions et les actions qui y sont liées.

Peu importe la hauteur du son que vous arrivez à produire, c'est le son en lui-même qui est efficace.

**Les variantes :** produire un son plat, montant ou descendant, va vous aider tour à tour à vous harmoniser, à vider ou purger énergétiquement l'organe concerné, ou à le recharger en énergie.

- Les sons-santé – La rate
- Les sons-santé – Le foie
- Les sons-santé – Les reins
- Les sons-santé – Les poumons
- Les sons-santé – Le cœur

## LIENS URL DES BONUS AUDIOS

Carte « Calme intérieur » : https://mangoeditions.com/videos/rituel_chant/index.php?audio=Calme_interieur

Carte « Paix » : https://mangoeditions.com/videos/rituel_chant/index.php?audio=Paix

Carte « Confiance » : https://mangoeditions.com/videos/rituel_chant/index.php?audio=Confiance

Carte « Stress et vie trépidante (version longue) » : https://mangoeditions.com/videos/rituel_chant/index.php?audio=Stress_et_vie_trepidante_long

Carte « Stress et vie trépidante (version courte) » : https://mangoeditions.com/videos/rituel_chant/index.php?audio=Stress_et_vie_trepidante_court

Carte « Joie » : https://mangoeditions.com/videos/rituel_chant/index.php?audio=Joie

Carte « Sérénité » : https://mangoeditions.com/videos/rituel_chant/index.php?audio=Serenite

Carte « Respect de soi » : https://mangoeditions.com/videos/rituel_chant/index.php?audio=Respect

Carte « Harmonisation de l'âme » : https://mangoeditions.com/videos/rituel_chant/index.php?audio=Harmonisation_ame

Carte « *Tao* du son – *Kototama* » : https://mangoeditions.com/videos/rituel_chant/index.php?audio=Devenons_Tao_du_son

Carte « Yoga du son » : https://mangoeditions.com/videos/rituel_chant/index.php?audio=Devenons_Yoga_du_son

Carte « Mantra du souffle » : https://mangoeditions.com/videos/rituel_chant/index.php?audio=Attirer_mantra_souffle

Carte « Mantra de l'équilibre » : https://mangoeditions.com/videos/rituel_chant/index.php?audio=Attirer_mantra_equilibre

Carte « Mantra du développement personnel » : https://mangoeditions.com/videos/rituel_chant/index.php?audio=Attirer_mantra_dvpt_perso

Carte « Mantra de guérison » : https://mangoeditions.com/videos/rituel_chant/index.php?audio=Attirer_mantra_de_guerison

Carte « Les sons-santé – La rate » : https://mangoeditions.com/videos/rituel_chant/index.php?audio=Harmonisons_rate

Carte « Les sons-santé – Le cœur » : https://mangoeditions.com/videos/rituel_chant/index.php?audio=Harmonisons_coeur

Carte « Les sons-santé – Le foie » : https://mangoeditions.com/videos/rituel_chant/index.php?audio=Harmonisons_foie

Carte « Les sons-santé – Les poumons » : https://mangoeditions.com/videos/rituel_chant/index.php?audio=Harmonisons_poumons

Carte « Les sons-santé – Les reins » : https://mangoeditions.com/videos/rituel_chant/index.php?audio=Harmonisons_reins



J'ai testé et mis en place des « échauffements » qui intègrent des outils issus du bien-être, qui permettent à ces personnes de se sentir mieux et de se rendre disponibles au travail de la voix ou à leur activité. Parmi ces outils : la voix elle-même !

Notre voix, c'est notre corps, et il est tout entier engagé dans l'action de chanter.

La voix a comme moteur le souffle. Chanter va donc améliorer notre respiration, nous détendre, extérioriser ce qui restait bloqué à l'intérieur. Car la voix crée le lien entre l'intérieur et l'extérieur.

Dans cet étui, je propose 30 rituels chant. Certains sont actifs, d'autres passifs. Tous ont pour objectif de vous aider à vous sentir mieux.

**Alors je vous souhaite de vibrer**
**et d'être chaque jour plus heureux !**

Nathalie Bonnaud

# AVANT-PROPOS

Comme la voix est précieuse ! Il suffit d'observer les enfants qui chantent avant même de parler pour comprendre combien la voix est innée, sacrée !

La vibration du son est d'une puissance infinie. Elle résonne en nous, autour de nous, elle exprime nos émotions, l'être que nous sommes, elle nous masse intérieurement, elle aligne les énergies, les chakras, elle reprogramme les cellules... En un mot, elle nous fait du bien.

**Cela fait bientôt 18 ans que je donne de la voix...**
Pour moi-même, en chantant sur scène, mais aussi pour me relaxer, pour détendre des muscles, dans le cadre de ma spiritualité, pour me connecter à « plus haut »... Et pour les autres, en accompagnant les chanteurs et orateurs, professionnels et amateurs que je rencontre.



## RÉFÉRENCES BIBLIOGRAPHIQUES


- *Les Voyelles sacrées*, Alain Pénichot, Lanore, 2013.
- *Les Cartes des Mudras*, Gertrud Hirschi, Courrier du Livre, 2016.
- *Le Yoga du son*, Philippe Barraqué, Trédaniel, 2013.
- *Le Tao du son – Thérapie sonique pour le* XXI*e siècle*, Fabien Maman, Trédaniel, 2016.
- *Le Yoga énergétique du son*, Domitille Debienassis, Grancher, 2016.
- *Le Grand Livre de l'art-thérapie*, Angela Evers, Eyrolles, 2019.
- *Traité de Qi Gong médical*, tome 1, Jerry Alan Johnson, Chariot d'Or, 2009.



**Direction :** Guillaume Pô
**Direction éditoriale :** Tatiana Delesalle
**Édition :** Iris Dion
**Relecture-correction :** Plume-sur-Loire
**Direction artistique :** Sylvaine Beck
**Illustrations :** Perrine Honoré
**Mise en pages :** Capucine Deslouis
**Direction de fabrication :** Thierry Dubus
**Suivi de fabrication :** Sonia Romeo



© Mango, 2022



www.mangoeditions.com

Dépôt légal : mai 2022
1re édition
ISBN : 9782317029431
Code MDS : MN29431

Achevé d'imprimer en avril 2022 par Er-Ay en Turquie
N° d'édition : M22048

Il est imprimé avec des encres à base d'huile végétale.
Il a été imaginé et conçu en France, et imprimé en Europe.

**Nathalie Bonnaud** est chanteuse, professeure de chant, maître Reiki et thérapeute énergéticienne. Chanteuse depuis 2004 (*Aliénor, Animal Totem*), elle est également coach vocal (*La Nouvelle Star*) et chef de chœur (*Voix Music Z'ac*). Elle enrichit sa pratique vocale par des techniques de bien-être. Corps et esprit ne font qu'un ! Passionnée de pédagogie, elle élargit son champ de compétences et complète sa formation par diverses approches holistiques (méditation, Access Bars©, TIPI©, hypnose, art-thérapie...). Elle exerce depuis bientôt dix ans comme maître Reiki et thérapeute, en parallèle de sa carrière musicale.

## LES LIVRES DU MÊME AUTEUR

- *J'apprivoise mon stress*, avec Véronique Luccioni, Mango, 2021.
- *J'apprivoise mes émotions*, avec Véronique Luccioni, Mango, 2021.
- *Je booste ma santé*, avec Véronique Luccioni, Mango, 2021.
- *J'attire le positif*, avec Véronique Luccioni, Mango, 2022.
- *Je m'épanouis comme hypersensible*, avec Véronique Luccioni, Mango, 2022.

**Nathalie Bonnaud**

Illustrations : Perrine Honoré

# MON RITUEL CHANT

## LIVRET D'ACCOMPAGNEMENT DES RITUELS

MANGO éditions